AF503571

MEMOIRE

POUR M. DIBON, Chirurgien ordinaire du Roi dans la Compagnie des Cent-Suisses de la Garde de Sa Majesté, écrit par lui-même.

CONTRE les impostures contenues dans un Libelle anonime en forme de Lettre, adressée à ce Praticien.

JE sçai que tout écrit anonime ne mérite aucune réponse, parce que d'une part, il ne peut faire aucune impression sur les personnes instruites, ou seulement raisonnables; & que de l'autre un pareil écrit doit être abandonné au mépris public, c'est-à-dire à l'oubli profond qui en est ordinairement la peine, & qui nous venge mieux que la plume.

Mais une malheureuse expérience ne m'a que trop appris l'effet des coups portés dans les ténebres, par les mains les plus viles, les plus foibles, & même les plus maladroites.

Baile, voulant expliquer la cause qui multiplie si étrangement les Libelles, dit, que ceux qui les font ne prétendent point pouvoir persuader tout le monde; mais qu'au moins ils sont bien surs qu'il en restera quelques traces qui tôt ou tard feront leur effet. J'ai lû cette pensée de *Baile*, sans avoir retenu ses expressions, & je la rapelle ici, non pour me parer de l'autorité d'un Sçavant, mais parce que je l'ai surement vérifié plus que qui que ce soit.

Or si cette seule considération oblige tous les jours les personnes dont la réputation est le moins sujette aux atteintes de la malignité, à ne point laisser sans réponse les Ecrits obscurs qui l'attaquent, devois-je laisser impunément répandre un Ecrit où l'on ose articuler contre moi les faits les plus calomnieux, & compromettre, dans un tissu de mensonges, les noms les plus respectables de la Chirurgie? J'allois donc refuter ce Libelle, quand une Lettre publiée par M. *Keyser*, a suspendu ma résolution.

Je n'ai plus rien à démêler avec M. *Keyser*. Il ne s'agissoit entre nous que d'un défi qu'il n'a pas voulu accepter. On m'objecte que le grand nombre de malades dont il est tous les jours occupé, l'a mis en droit de refuser ma proposition. J'examinerai par la suite la validité de cette raison, ou plutôt de ce mauvais subterfuge.

La Lettre de M. *Keyser* ne me regarde point non plus. Je ne prétends point me mêler de ses querelles avec l'Auteur de la partie médicinale du *Journal Oéconomique*, qui surement en sçait plus que lui, & avec M. *Thomas*, habile Chirurgien de Bicêtre. Je connois seulement ces Messieurs, qui, sans le mérite de leur cause, sont l'un & l'autre également bons pour l'attaque & pour la défense. Mais à la fin de la Lettre de M. *Keyser*, on lit ce judicieux *Post Scriptum.*

» On m'envoye dans l'instant *le plus mauvais, le plus pitoyable, & l'E-*
» *crit le plus stupide qui ait jamais pû sortir de la plume d'un sot.* Il est impri-
» mé sans permission, & intitulé: *Lettre à M. Dibon, &c. Il est rempli*
» *de faussetés & d'indécences punissables.* Et quoi qu'il paroisse vouloir ma-
» lignement faire l'apologie de mon remede, je vous préviens cepen-
» dant de n'en être pas plus la dupe que moi. Il m'a déja été *laché* trois
» ou quatre fois de ces sortes d'Ecrits, ausquels j'ai dédaigné de répon-
» dre, *& celui-ci n'est qu'une tournure malicieuse pour amener une réponse,*
» *que nous verrons peut-être, &c.*

Il s'agit certainement de la Lettre anonime qui fait l'objet de mon Mémoire. Personne ne contestera toutes les qualifications que M. *Keyser* donne à cet Ecrit; & quoique son remède y soit loué outre mesure, on doit sans doute lui sçavoir gré de n'en avoir pas été la dupe. Si l'Auteur l'a voulu servir, il s'y est mal pris. L'exagération est une vraie Satire, & la plus dangereuse de toutes.

Mais que veut dire cette réflexion: *cet Ecrit n'est qu'une tournure pour amener une réponse?* M. *Keyser* veut-il m'accuser d'avoir quelque part à cette Piéce? Un soupçon si rafiné m'autoriseroit à le payer de cette maxime vulgaire, *que c'est ordinairement par ses propres dispositions, qu'on juge de celles d'autrui.* Le Public jugera lui-même par la qualité des imputations que je vais remettre sous ses yeux, si l'ennemi le plus cruel peut tenir un autre langage, & s'il y a lieu de soupçonner la moindre collusion de ma part.

Quoiqu'attaqué si vivement, je dusse peu m'inquiéter des imaginations de M. *Keyser*, j'avoue qu'elles ont retenu ma plume. Je craignois, en répondant au Libelle, ou de confirmer ses soupçons, ou de lui donner lieu de dire qu'il avoit prévû la réponse. Mais des personnes de bon sens ont sçu dissiper mes scrupules. On m'a fait sentir de quelle conséquence il étoit pour moi de me justifier dans l'esprit d'un certain Public, qui tient pour avoués tous les faits qu'il ne voit pas contredits, & dont le préjugé seul éternise ces sortes de contestations.

Voilà ce qui m'a déterminé à publier ce Mémoire. Je n'entends point du tout répondre à l'Auteur obscur du Libelle qui n'est digne que du plus souverain mépris. C'est au Public que je m'adresse: c'est à lui que je suis comptable; je lui dois la vérité, je la dirai toujours avec tout le courage & toute la fidélité qu'elle exige.

PREMIERE IMPOSTURE.

» J'ai vû (dit l'Auteur de la Lettre) chez M. *Keyser* des malades que
» la bonté de votre Remède a manqués.

On vient de voir la déclaration de M. *Keyser* lui-même, qui traite de faussetés (sans exception) toutes les assertions de son Panégyriste.

» J'en ai vû par écrit la déclaration entre les mains d'un Maître Chi- » rurgien, qui suit journellement les guérisons qu'opere notre excellent » Praticien (M. *Keyser.*)

L'Auteur qui cite si volontiers & si indécemment les plus grands noms de la Chirurgie, auroit dû, pour donner à ce mensonge au moins un air de vraisemblance, nommer le Maître Chirurgien, dépositaire d'une pareille Piéce. En tout cas je le défie lui & qui que ce soit de la produire.

SECONDE IMPOSTURE.

» Rapellez-vous un Malade que vous traitiez il y a environ un an, » rue saint Roch, près de celle de saint Honoré. Ce même Malade est » actuellement chez M. *Keyser*, & au sortir des remédes, il doit vous » demander compte des frais inutiles qu'il a faits avec vous.

Je ne connois point le Malade que veut m'indiquer l'Anonime ; mais puisqu'il dit, que ce Malade est, ou a été chez M. *Keyser*, c'est M. *Keyser* lui-même que je somme & que j'interpelle de déclarer publiquement la vérité de ce fait, comme aussi de m'envoyer le sujet, pour que je lui fasse à l'instant toutes les restitutions qu'il peut être en droit d'exiger.

TROISIE'ME IMPOSTURE.

» Avez-vous oublié le traitement inutile que vous avez fait sur un Ma- » lade arrivant de Lyon ; qui devoit prendre par ordre de M. *Guerin*, à » qui il fut adressé, le reméde de M. *Keyser* ?

Je suis en pays de connoissance. Le Malade de Lyon dont veut parler l'Anonime, n'est plus un être de raison, comme ceux qu'il vient d'alléguer.

Ce Malade fut d'abord adressé à M. *Guerin*, Chirurgien Major de la seconde Compagnie des Mousquetaires, & ce Praticien, en lui conseillant l'usage des Dragées Antivéneriennes, lui promit la plus prompte guérison. Il fixa même son traitement à quarante louis. Je n'ai point sçu pourquoi ce sujet me revint. Ce fut M. *Barteloni*, Marchand Jouaillier près du Palais, qui me l'adressa. Il étoit déterminé à prendre mon reméde, & il le prit avec tant de succès, qu'il fut guéri dans cinq semaines. M. *Guerin* peut se rappeller ce Malade qui logeoit au nom de Jesus, Cloître de saint Jacques de l'Hôpital.

QUATRIE'ME IMPOSTURE.

» Souvenez-vous aussi de ces deux bons Négocians de cette ville, » qui ont pris infructueusement votre reméde, *pendant près de dix-huit* » *mois*, & que l'un a été guéri par M. *Gramont*, & l'autre par M. *Dieu-* » *xaide*, tous deux Maîtres en Chirurgie.

Je n'ai ici d'autre réponse que celle que je viens de faire sur la seconde imputation, & que je ferai tout autant de fois qu'on m'alleguera de pareils mensonges. Je somme M. *Gramont* & M. *Dieuxaide*, de déclarer publiquement, 1°. S'ils ont connoissance de ces deux Négocians, qu'on suppose avoir été manqués par mon remède, après dix-huit mois de traitement. 2°. S'il est vrai qu'ils les ont guéris. Ainsi tant qu'il n'y aura point de leur part une déclaration authentique, faite par écrit, ou verbalement devant des personnes respectables, la calomnie est démontrée.

Cependant je ne confonds point ces deux Maîtres en Chirurgie : je sçai toute la distinction dûe aux talens, à la probité, & au mérite personnel de M. *Gramont*. Son seul témoignage est pour moi une autorité dont je n'appelle point, & c'est lui principalement que j'invoque.

CINQUIEME IMPOSTURE.

» Souvenez-vous que vous fites imprimer & afficher un Ecrit qui a » pour titre : *Témoignage Public, rendu à M. Dibon, &c. Par de Dyn* » *d'Anvers, &c.* Croyez vous de bonne foi que cette guérison a été ra» dicale ! Non M. Dibon, elle n'a été que palliative, puisque votre re» méde n'a fait que dissiper les accidens extérieurs, sans avoir détruit la » cause. L'événement a confirmé cette vérité. Le Malade trois mois » après être sorti de vos mains a été obligé d'avoir recours aux Dragées » de M. *Keyser*, & la cure s'est faite sous les yeux de M. *Dieuxaide*, qui » est prêt de vérifier ce que j'avance.

Souvenez-vous, rappellez-vous : voilà bien des souvenirs qu'on demande. Que d'efforts on exige de ma mémoire !

Le témoignage de M. *Dieuxaide*, prêt à confirmer, dit-on, ce mensonge insigne, est par lui-même très-récusable. On connoît son attachement au remède & à la personne de M. *Keyser*. Cependant je veux bien l'admettre, & je lui fais le défi le plus formel d'oser attester le fait. Mais sans m'arrêter aux moyens que j'aurois pour infirmer, ou plutôt pour extenuer en cette occasion tous témoignages de sa part, confondons puissamment l'imposture par des Piéces démonstratives. Faisons d'abord parler le sujet lui-même. Voici comme de *Dyn* commence une Lettre, qu'il écrivit le 16 Août 1756 de la Ville de Nantes, à une personne connue, qui a été témoin de sa guérison.

» Monsieur, je prends la liberté de vous écrire, pour vous faire mes » très-humbles respects, & à M. *Dibon* & à M. son Neveu, à qui je leur » dois toute la santé dont je jouis à présent, & je prie le bon Dieu jour» nellement qu'il leur conserve leurs santés, & accomplisse tous leurs » désirs, &c.

J'ai l'original de cette Lettre, & je la consignerai par tout où voudront Messieurs *Dieuxaide & Keyser*, pour en prendre communication. J'offre même de faire faire à mes frais la reconnoissance de l'écriture.

Comment pouvoir concilier un témoignage si précis, émané du sujet lui-même, & de son propre mouvement, avec celui de M. *Dieu-*

xaide, & avec le traitement prétendu de M. *Keyser* ? Passons à d'autres preuves.

Quand on publia *le Témoignage Public*, *&c.* du même de *Dyn*, j'étois muni des Certificats de M. *Goulard*, Médecin ordinaire du Roi, de M. *le Dran*, de M. *Henriquès*, de M. *Morand*, & de M. *Hebrard*, Maîtres en Chirurgie. Mon intention étoit de les y faire joindre, & ils devoient naturellement marcher à la suite de cette Piéce. Mais l'empressement que l'on eut à répandre ce singulier Ecrit, fit oublier les Certificats. C'est ici l'endroit de les rapporter.

Certificat de M. Goulard, Conseiller Médecin ordinaire du Roi.

Je soussigné, Conseiller Médecin ordinaire du Roi, certifie avoir vû le nommé Pierre de Dyn, natif d'Anvers, attaqué d'une tumeur vénérienne très considérable, qui occupoit l'aîne du côté droit, tumeur dure, renitente & douloureuse, sur laquelle je lui conseillai d'appliquer des cataplasmes émolliens. Plusieurs mois après ayant été appellé en consultation pour un malade qui étoit chez M. de Torrés, *je fus surpris d'y trouver ce même la Pierre, que j'avois perdu de vûe après le conseil que je lui avois donné à la premiere & seule inspection de sa tumeur vénérienne. Je lui en demandai des nouvelles, & je fus effrayé lorsqu'il me montra une playe chancreuse d'une étendue fort considérable, que* M. de Torrès *ne voyoit pas avec les mêmes yeux que moi, puisqu'il m'assura que la guérison en seroit aisée à la supériorité de son remede. Ayant appris par la suite que le remede de M.* de Torrès *avoit échoué, & que le Malade étoit chez M.* Dibon, *Chirurgien ordinaire du Roi, rue Françoise près la Comédie Italienne, je m'y transportai, & trouvai le malade, après l'avoir bien examiné, dans l'état où je l'avois vû chez M.* de Torrès; *ou s'il y avoit quelque changement, c'étoit en pis, puisque les forces étoient plus épuisées, le malade plus émacié, les bords de la playe plus durs, plus calleux, & dans l'état d'un vrai Carcinome. Je sortis, bien persuadé que le malade ne gueriroit pas, & que le remede de M.* Dibon *n'auroit pas plus de succès que celui de M.* de Torrès. *Cependant ledit Pierre de Dyn s'est présenté chez moi le onziéme du présent mois. J'ai examiné son état: j'ai trouvé sa playe parfaitement guérie, bien consolidée; il a repris l'embonpoint, & il m'a paru jouir d'une si parfaite santé, que j'ai lieu de juger que non seulement le vice local est guéri, mais que le vice du sang est radicalement détruit. En foi dequoi j'ai délivré le présent Certificat, pour lui valoir ce que de raison. Fait à Paris le 16 Juillet 1755.* Signé Goulard.

Certificat de M. Ledran, Maître en Chirurgie.

Je soussigné, Maître en Chirurgie, certifie qu'ayant été mandé il y a environ huit mois, par M. Dibon, *pour avoir mon avis sur la maladie du nommé la Pierre de Dyn, je lui ai trouvé dans l'aîne droite un ulcere verolique, large, très-profond, & accompagné d'un sinus qui s'étendoit assez loin, ayant de plus un bubon sous l'aisselle gauche, & autres signes de verole: qu'ayant encore été mandé à quatre ou cinq reprises pour me consulter sur diverses circonstances de la maladie ledit Pierre de Dyn est revenu aujourd'hui me voir parfaitement guéri. A Paris ce 16 Juillet 1755.* Signé LEDRAN.

Certificat de M. HENRIQUE'S, Maître en Chirurgie.

Je soussigné, Maître en Chirurgie, certifie avoir visité, il y a environ huit mois, le nommé la Pierre de Dyn, natif d'Anvers, à qui j'ai trouvé un ulcere vérolique à l'aîne droite, accompagné de plusieurs sinus, dont le plus considérable régnoit tout le long de la face antérieure de l'os pubis, & s'alloit perdre dans les environs de l'aîne du côté opposé: de plus, un bubon sous l'aisselle du côté gauche, plusieurs pustules au scrotum, un chancre à la verge, & un ulcere considérable à la voute du palais. Tous ces accidens étoient accompagnés d'une fiévre continue, & d'une dissenterie des plus marquées. Ledit la Pierre de Dyn nous dit avoir été abandonné dans cet état par M. de Torrés, *Médecin, qui lui avoit fait subir inutilement un traitement qui avoit duré trois mois & demi. C'est pour lors que le malade s'est mis entre les mains de M.* Dibon, *Chirurgien ordinaire du Roi dans la Compagnie des Cent-Suisses, & a fait usage avec tant de succès du remede de ce dernier, qu'il s'est présenté aujourd'hui devant nous, pour constater sa guérison. Je la certifie d'autant plus radicale, que je me fais un vrai plaisir d'en instruire le Public, & de rendre justice au Remède de M.* Dibon. *Fait à Paris le 19 Juillet 1755. Signé*, HENRIQUES.

Certificat de M. MORAND, Maître en Chirurgie, &c.

Je soussigné, Maître en Chirurgie à Paris, &c. certifie que j'ai vû dans le voisinage de M. de Torrés, *il y a plusieurs mois, le nommé Pierre de Dyn, que M.* de Torrés *traitoit pour lors d'un large ulcere vérolique dans l'aîne droite, à la suite d'un bubon: & que le même de Dyn m'a été représenté aujourd'hui 14 Juillet 1755 bien guéri de cet ulcere, dont M.* Dibon *m'a assuré l'avoir traité. A Paris les jour & an que dessus.* Signé MORAND.

Certificat de M. HEBRARD, Maître en Chirurgie.

Je soussigné, Maître en Chirurgie, certifie avoir vû & visité trois fois avec plusieurs Médecins & Chirurgiens, notamment avec M. le Dran, *mon Confrère, le nommé la Pierre de Dyn, natif d'Anvers, qui nous a déclaré sortir de chez le Médecin* Torrés, *après y avoir subi un traitement des plus rigoureux pendant le tems de trois mois & demi. J'ai trouvé audit Malade un ulcere à l'aîne droite d'une nature chancreuse, qui s'étendoit jusqu'à la partie supérieure latérale de la cuisse. Il avoit en outre un bubon sous l'aisselle du côté gauche, un chancre à la verge, plusieurs pustules au scrotum, & un ulcere considérable qui occupoit une partie de la voute du palais. Ces accidens étoient accompagnés de fiévre & d'une dissenterie. Il n'étoit pas aisé de tirer un pronostic favorable, d'autant plus que la maladie & les remedes avoient épuisé le sujet; mais Mr.* Dibon, *malgré nos soupçons, n'ayant jamais désespéré du malade, le tems a effectué ses espérances, & j'ai vû ledit Pierre de Dyn bien & radicalement guéri. J'atteste hardiment que jamais levain verolique n'avoit porté sa malignité à un plus fâcheux période : c'est ce que je certifie véritable. A Paris le 16 Juillet* 1755. Signé HEBRARD.

Que pourront opposer à ces Piéces MM. *Dieuxaide* & *Keyser*, que l'Anonime au moins fait parler ?

SIXIE'ME IMPOSTURE.

» Vous avez imprudemment avancé dans une de vos Lettres que vous » aviez fait voir à M. de la *Martiniere*, premier Chirurgien du Roi, un » Malade manqué par le remede de M. *Keyser*, & qu'il l'avoit réduit dans » un état déplorable. . . . L'attestation donnée à M. Keyser vous donne » un démenti formel, & il sera facile de vous convaincre, *si vous osez* » *répondre.* «

J'oserai toujours confondre l'ignorance & la calomnie. Je l'ai dit, & je le répéte : Si le Malade qu'indique ici l'Anonime étoit attaqué du mal vénérien, lorsqu'il a pris le remede de M. *Keyser*, il n'a sûrement pas été guéri, puisqu'en sortant de ses mains, je l'ai vû dans le même état qu'il étoit avant que d'être traité. C'est donc une infidélité du reméde. Si le mal étoit d'une autre nature, c'est m'être exprimé bien modestement, que de m'être contenté de dire, qu'il y avoit eu de l'ignorance à mettre le Malade à l'usage d'un reméde antivénérien.

Quant à la prétendue fausseté dont veut me taxer l'Anonime, à qui le mensonge est plus familier qu'à moi, on sçait que le caractére de l'impudence est toujours de charger les autres de ses propres crimes, de tout peindre de ses couleurs. Ainsi je pourrois me dispenser de répondre expressément à ce chef. Mais le fait est véritablement & précisément tel que je l'ai rapporté. M. *de la Martiniere* lui-même, & plusieurs Maîtres en Chirurgie qui étoient présens, ont vû ce Malade ; & je n'ai rien dit dont je n'aye une foule de témoins.

De plus, comme j'ai toujours en main de quoi repousser la calomnie, je vais représenter le Certificat du Malade. Le secret que nous devons à tous ceux qui nous ont donné leur confiance, m'oblige de taire son nom. Mais si quelqu'un est curieux de s'assurer de la vérité, je lui ferai voir non-seulement l'Original du Certificat, mais encore le sujet même, dont on apprendra toutes les circonstances de son traitement, ainsi que les piéges qu'on lui a tendus, pour tirer de lui un Certificat contraire à celui qu'on va lire.

» JE certifie avoir pris pendant six semaines les Dragées de M. *Keyser*, » à cause d'un bouton que j'avois à la partie. Après lequel tems je fus » obligé d'abandonner lesdites Dragées, à cause d'une forte salivation, » & rendant les alimens par les vomissemens à mesure que je les prenois. » Je fus quelques jours dans la même situation, après quoi le vomisse- » ment se calma ; mais la salivation étoit continuelle. Dans cet état je » retournai chez M. *Keyser*, & lui fis voir l'objet de mon désastre. Il

» me dit qu'il alloit promptement remédier à cet inconvénient, qu'il » étoit même nécessaire, parce que j'étois bien guéri, & me fit signer » en conséquence un Certificat. La salivation subsistoit toujours. De » plus, j'étois très-foible par le défaut de pouvoir avaler des alimens, » & j'avois plusieurs dartres sur le corps. Je fus conseillé par une per- » sonne de connoissance de voir M. Dibon, qui après m'avoir fait voir » par M. le Premier Chirurgien du Roi, & d'autres Chirurgiens qui se » trouverent chez lui, prit soin de moi. J'avois alors de la peine à tenir » dans mes mains quelque chose, comme cuillier, couteau, &c. à cause » d'un tremblement que j'avois dans tous mes membres. Après quelques » jours de l'usage des remedes de M. Dibon, je me suis trouvé dans un » état parfait, sans tremblement ni autre chose quelleconque. Fait à Paris » le 30 Juin 1757.

En voilà plus qu'il n'en faut pour confondre le calomniateur caché sous le masque de l'Anonime. Mais comment ce vil Ecrivain (quel qu'il soit) a-t-il osé mêler ici M. de la *Martiniere*? Ce digne Chef de la Chirurgie, si appliqué à la faire fleurir, devoit-il entrer pour rien dans un misérable Libelle dévoué à l'opprobre? Je n'ose salir ce Mémoire des expressions injurieuses hazardées insolemment par l'Auteur.

L'affectation avec laquelle il retombe si souvent sur M. *Thomas*, est peut-être le coup d'outil qui décéle la main de l'Artisan; mais ne donnons rien aux conjectures, renfermons-nous dans ce qui nous concerne.

L'Apologiste de M. *Keyser* me reproche de prendre la défense des frictions, & d'appuyer le *systême* de M. *Thomas*.

Je n'ai jamais attaqué ni défendu les frictions. Quand des frictionnaires ont écrit contre mon Remede, j'ai fait voir qu'il opéroit aussi sûrement que les frictions, & qu'il avoit même plusieurs avantages sur cette méthode; sans néanmoins prétendre l'exclure. Les frictions établies longtems avant moi, autorisées par tant d'expériences, n'ont pas besoin de défenseurs, & je n'ai garde de me charger d'une entreprise inutile. A l'égard de M. *Thomas*, je n'ignore pas sa capacité, mais je ne lui connois point de systême. Je n'ai point pris parti dans les démêlés qu'il a eus avec M. *Keyser*; il n'a pas besoin de moi pour défendre avantageusement une méthode qu'il a puisée dans la meilleure Ecole de France, & qui est pratiquée par tout le Corps de la Chirurgie.

L'Anonime me fait encore cette question, » Vous qui avez été de » tout tems *le Censeur des Remédes Antivénériens*, avez-vous guéri des Ma- » lades manqués par le Remede de M. *Keyser*? C'est-là où je vous at- » tends. »

Censeur des Remedes Antivénériens! C'est l'emploi dont m'ont décoré gratuitement tous les mauvais Méthodistes qui m'ont trouvé dans leur chemin. Mais que cette censure en effet seroit aujourd'hui nécessaire, & par conséquent glorieuse pour celui qui sçauroit bien l'exercer! Qu'elle

seroit

feroit digne de l'attention du Collége de Chirurgie ! Si elle étoit établie, les *Torrés & les Mollées* n'auroient pas eu de fucceffeurs.

On me demande fi j'ai guéri quelque Malade manqué par M. *Keyfer*. J'ai déja fatisfait d'avance à la curiofité du queftionneur. Qu'il life le Certificat que je viens de rapporter, il prouve le fait fans replique. Je vais y joindre un Certificat de M. de la Haye, Maître en Chirurgie, & je lui défie de conftater le fait qu'il contient.

Certificat de M. DE LA HAYE.

*Je foussigné, Maître en Chirurgie, & ancien Prevôt de la Compagnie, certifie que Mademoifelle *** âgée d'environ trente ans, m'a dit avoir fait ufage des Dragées Antivénériennes du Sieur* Keyfer, *qui lui furent adminiftrées par MM.* Guerin *&* Dieuxaide, *tous deux Maîtres en Chirurgie, pour une Maladie vénérienne de laquelle elle étoit attaquée depuis plufieurs mois. Les Dragées du Sieur* Keyfer *lui cauferent de fi violentes douleurs de colique, accompagnées de vomiffemens fanguinolens, qu'elle fut obligée d'en interrompre l'ufage, malgré même les fortes follicitations des Chirurgieus ci-deffus dénommés, qui lui confeilloient de continuer ledit Reméde. C'eft dans cet état que la malade vint me confulter, & j'apperçus dans la vifite non-feulement les mêmes fimptômes de verole qu'elle me dit avoir, avant de faire ufage defdites Dragées du Sieur* Keyfer, *mais elle avoit en outre la poitrine très-affectée & un épuifement tendant à la confomption, accidens qui font infiniment plus à craindre que la maladie qui faifoit l'objet des Dragées du Sieur Keyfer. Enfin tout nous indique que les Dragées font la caufe de l'état déplorable de la Malade, puifqu'elle n'avoit point fait d'autres Remedes, & il y a tout à craindre, malgré les reffources que l'Art nous fournit, que nous ne puiffions pas rétablir le délabrement qu'ont fait lefdites Dragées. Fait à Paris le 22 Septembre 1756.*

Signé, DELAHAYE.

Voilà donc au moins deux Malades que M. *Keyfer* a manqués, & ces échecs fuffifent fans doute pour arguer légitimement fon Reméde d'infuffifance. Mais il réfulte des fymptômes décrits dans les deux Certificats, des préfomptions encore plus graves que le fait même trop avéré du peu de fuccès des deux cures. On voit que les Dragées contiennent effentiellement une caufticité qui a frappé le genre nerveux, & produit tous les accidens dont ces Malades ont tant fouffert. Ainfi fans vouloir approfondir la nature de ce Remede, que je ne fuis point du tout curieux de connoître, je laiffe imaginer aux vrais Praticiens l'idée qu'on en doit avoir.

Je ne cherche point à *écrafer* (comme s'exprime M. *Keyfer* dans fa Lettre) un Reméde que je n'eftime point affez pour le craindre. Je n'envie ni fa fortune, ni fa vogue, ni fes prôneurs. Je me contente de partager l'étonnement de tous les bons Praticiens, de ceux qui n'ont point de raifons, (de ces raifons que l'on devine, & qui n'ont pas besoin d'être articulées), pour vouloir persuader les autres, ou pour être persuadés eux-mêmes de l'excellence de ses Dragées. Je désirerois même en bon Citoyen pouvoir en dire autant de bien que j'ai lieu d'en soupçonner de mauvais effets.

Le Malade dont on vient de parler n'étoit nullement connu de moi. Je fus prié de me rendre chez lui. Après avoir examiné son état, je le pressai d'envoyer chercher M. *Keyser*, pour que je pusse le convaincre du mauvais succès de son traitement. C'est toujours l'ordre que j'observe, lorsqu'un Malade manqué par d'autres se met entre mes mains; parce que j'ai vû mille fois, principalement parmi les Malades qui ont été traités par d'autres méthodes que par celle des frictions, que tout frictionnaire consulté sur l'état de ces sortes de malades, ne manque point de se récrier d'abord *qu'ils ont été manqués* : ce qui fait que par la crainte qu'on leur inspire, ils se soumettent d'abord à un second traitement. Le Malade, malgré mes instances, ne voulut point se remontrer à M. *Keyser*, & son refus me détermina à le faire voir par M. le Premier Chirurgien du Roi.

L'Anonime fait sonner bien haut je ne sçai quelle prétendue victoire remportée par M. *Keyser* sur M. *Thomas*. Je sçai seulement qu'il y a eu un défi fait par le premier, refusé d'abord par M. *Thomas*, & j'en ignore les suites. Mais voici une contradiction manifeste qui ne fait honneur ni à M. *Keyser*, ni à son judicieux Panégyriste. Les grandes occupations de M. *Keyser* ne l'ont point empêché de proposer à M. *Thomas* un défi public, & lorsque je fais solemnellement le même défi à M. *Keyser*, on m'allégue ses grandes occupations. Que penser de cette inconséquence, ou plûtôt de cet échapatoire, si ce n'est que M. *Keyser* craint de succomber avec moi! Si ce n'étoit là le motif du refus qu'il fait d'accepter le concours que je lui ai proposé, les occupations de son Hôpital n'arrêteroient point un homme qui a eu le tems (à ce qu'il dit) de faire quinze cens cures en un an. Mais quand mes deux Lettres à M. *Keyser*, qui contiennent ce défi formel, sont entre les mains de tous les Praticiens de Paris, avec quelle confiance ose-t-il écrire, comme il a fait dans sa derniere Lettre? » Si quelque chose a pû m'étonner jusqu'ici, ce n'est que le silence qu'ils (mes ennemis, c'est-à-dire les Praticiens) ont gardé pendant quinze mois sur mon compte. Je les attendois de jour en jour avec d'autant plus d'impatience, qu'ayant commencé ma réputation, j'avois encore besoin d'eux pour l'affermir, en me mettant souvent à portée de les confondre. «

Il faut observer que ce défi est de l'année derniere, & qu'ici M. *Keyser* ne peut prétexter cause d'ignorance, puisque j'ai des preuves qu'il a vû ma Lettre. Mais il l'a mise sans doute au rang des Ecrits qu'on lui a *lâchés*, & auxquels il a dédaigné de répondre, par l'impuissance de le faire.

Il est donc bien & dûment constaté (c'est un fait plus important qu'il ne croit, & je le consignerai partout, je le rappellerai sans cesse), il est, dis-je, manifeste, évident, certain que si M. *Keyser* s'est avanturé de déster M. *Thomas*, il n'a pas osé (c'est le mot) accepter le défi que je lui ai formellement intimé, & qu'il a tacitement reconnu mon Remede supérieur au sien. Car enfin quelle autre induction est-il possible de tirer, où du silence qu'il affecte à cet égard, ou des misérables raisons dont l'Anonime paye pour lui ?

Comment n'a-t-il pas compris que pour avoir à discretion des prôneurs, & surtout des Certificats, il ne peut faire illusion au Public, parce qu'il subsiste toujours une Piéce, où la proposition d'un concours plus sûr que tous les Certificats du monde, refusée constamment par M. *Keyser* depuis plus d'un an, dépose contre sa méthode & la rend suspecte.

Ce refus du moins fait bien voir que le motif du bien public dont nous berce M. *Keyser* est le moindre intérêt qui l'occupe ; car c'étoit principalement ce grand objet que je lui faisois valoir.

» Que ce concours, lui disois-je, seroit intéressant ! Il l'est au point » qu'il me semble même que le Gouvernement devroit l'ordonner. Voilà » deux personnes qui se vantent d'emporter des Maladies qui ont ré- » sisté à tous les Remédes ordinaires. Ne devroit-on pas cherćher à con- » noître s'ils disent vrai tous deux, ou si l'un est supérieur à l'autre ? » Quel autre moyen de parvenir à découvrir la vérité, que de les faire » concourir ensemble ? Si tous les deux réussissent, ou si un seul em- » porte le prix, quel avantage pour le Public ! Les personnes vive- » ment attaquées du mal vénérien ou manquées par les méthodes ordi- » naires, ne seroient plus exposées à se remettre dans des mains moins » sûres encore que les premieres ; on sçauroit à qui s'adresser pour être » guéri sûrement, radicalement. Je souhaite pour le bien public que ce » concours puisse se faire, quand même vous devriez, Monsieur, avoir » l'avantage, &c.

C'est à des motifs si pressans qu'a résisté M. *Keyser*.

Au reste, sans qu'il y ait consenti, ce concours s'est déja fait entre nous, comme il est prouvé par le Certificat du Malade que j'ai traité après lui ; & selon toutes les apparences, ce ne sera pas la seule fois que nos Remédes seront mis respectivement à l'épreuve.

Au mois de Mai de cette année (1757) un Marchand de Rouen attaqué du mal vénérien, ayant lû dans le Mercure de France les merveilles que l'Auteur raconte exactement tous les mois des *Dives Dragées* (comme un tribut qu'il doit à l'ennui) écrivit à M. *Keyser* pour lui demander son Reméde. Voici la réponse de M. *Keyser*, dont le Malade m'envoya l'Original, pour me confirmer son état.

Paris, ce 14 Mai 1747.

» Je reçois, Monsieur, l'honneur de la vôtre du 11 de ce mois. Je » suis flatté de la confiance que vous avez en mon Remede. J'ose vous » l'assurer fondée, comme vous en aurez la preuve, si vous en faites usage » pour votre maladie, qui est une verole bien confirmée, puisque vous » avez un chancre sur le prépuce, & des pustules véroliques.

» Je puis vous guérir radicalement, sans que vous vous déplaciez de » chez vous, ni que vous vous dérangiez de vos affaires courantes; 1°. en » vous envoyant un Mémoire instructif pour vous conduire; 2°. en » m'écrivant deux ou trois fois la semaine, pour me faire le détail de ce » qui se passe; lettres ausquelles je répondrai exactement pour vous con» seiller suivant les circonstances.

» Comme cette correspondance me détournera de mes autres affaires, » je ne pourrai vous traiter à moins de cent pistoles, & aussi-tôt que vous » jugerez à propos de me les remettre, ou au moins la moitié, je vous » enverrai tout ce qui sera nécessaire à votre guérison, par l'endroit que » vous voudrez bien m'indiquer.

J'ai l'honneur d'être, &c. *Signé*, KEYSER.

L'embarras d'écrire trois fois par semaine à son Chirrugien, pour lui rendre compte de l'effet des Dragées, & peut-être d'autres circonstances rebuterent le Malade de Rouen, & son commerce avec M. *Keyser* n'alla pas plus loin. Il apprit apparemment que mon Remede étoit ou plus commode ou plus sûr, & s'adressa tout de suite à moi. Sans exiger de correspondance, je lui envoyai mon Reméde, avec un Mémoire instructif qui suffisoit pour le conduire. Trois Lettres de lui que je garde feront la preuve & du traitement, & de la parfaite guérison. Voici la premiere.

M. je m'adresse à vous en second à la vérité, car je ne vous cacherai » point que sur les Certificats réitérés de Médecins & Chirurgiens, je » m'étois confessé à M. Keyser, & lui avois demandé son Remede pour » un chancre qui m'est survenu à la verge, & quantité de pustules que » d'habiles Chirurgiens ont jugé verolliques. La nécessité que M. Keyser » me fait de lui écrire trois ou quatre fois la semaine sur mon état, m'a » fait craindre les hauts & les bas de son Remede, que je ne puis me » déterminer à prendre, outre la sujettion de mon état, qui demande » presque tout mon tems. J'ai donc recours à vous, Monsieur, pour » vous prier de vouloir bien m'envoyer le vôtre, avec une instruction » pour me conduire. Un de mes amis m'a fort assuré que l'on pouvoit » aussi vacquer à ses affaires en le prenant: c'est dans cette confiance que » je vous envoye une Lettre de 600 l. à compte de ce qu'il vous plaira » exiger de moi, étant persuadé de votre probité.

J'ai l'honneur d'être, &c.

SECONDE LETTRE.

» J'ai commencé, M. (suivant le Mémoire que vous m'avez envoyé) » l'usage de votre Remede. Le premier bol m'a purgé considérablement, » & me donna même quelques nausées. Je pris celui du soir, qui me » laissa dormir tranquillement. J'ai continué matin & soir suivant votre » ordonnance, & me voilà au huitiéme jour. Je vais deux & quelques » fois trois fois à la selle par jour, & je rends beaucoup de bile. Si vos

» Bols n'avoient pas été confondus dans la même boëte, j'aurois crû que » le premier que j'ai pris avoit quelque chose de plus particulier que » les autres.

J'ai l'honneur d'être, &c.

TROISIE'ME LETTRE.

» Je me suis senti, M. le vingt-cinquiéme jour de l'usage de votre re- » méde, les gencives un peu échauffées. J'ai fait usage de la Tisanne » que vous m'avez prescrite. Je suis à la fin des bols, & je me porte » bien. Mes accidens sont entierement disparus, & ce qui me fait vrai- » ment du plaisir, c'est que personne de chez moi, ni aucun de mes amis, » ne s'est apperçu que je prenois des remédes. J'ai suivi à la vérité votre » conseil : car j'ai supposé un dévoyement. J'ai l'honneur d'être, &c.

Voilà donc nos remédes éprouvés encore en un point où l'on voit que la concurrence est entierement à mon avantage. En effet mon reméde toujours uniforme & qui ne varie jamais, peut se transporter par tout. Son efficacité, dans quelque cas que ce soit, ne dépend ni de l'œil ni de la main du Chirurgien : tout Malade est en état de se l'administrer lui-même. Celui de M. *Keyser* n'est pas fort propre à voyager, ou demande des précautions infinies. Il nous apprend qu'il a plusieurs sortes de Dragées qu'il distribue relativement à la qualité des Maladies. Or une telle variation dans un reméde dont mille accidens très-communs peuvent faire changer tous les jours ou la composition, ou les doses, ou la façon de l'administrer, fait soupçonner bien de l'incertitude.

De plus, à supposer ce reméde aussi sûr qu'il est équivoqué, suffiroit-il pour réussir d'en avoir fait la découverte ? L'application des remédes est ce qu'il y a de plus difficile dans l'art de guérir. Le meilleur, sans cette connoissance, est comme une épée dans les mains d'un furieux.

J'ignore si M. *Keyser* est ou Médecin, ou Chirurgien, ou Chymiste : car jusqu'à présent il me semble qu'il n'a pris aucune qualité. L'Auteur de la Lettre Anonime dit qu'il exerce la Chirurgie depuis trente ans. Mais quelle apparence qu'un Chirurgien consommé eût besoin du secours de M. *Dieuxaide*, & de tous ceux dont on sçait que M. *Keyser* se fait aider tous les jours dans le traitement de ses malades !

Comment d'alleurs, sans autre titre que la direction de son Hôpital, a-t-il pû traiter d'ignorant un Maître en Chirurgie très-habile & d'un mérite reconnu, (M. Brador) ?

Achevons de caractériser le reméde de M. *Keyser*, par un fait grave, incontestable, & qui au défaut du concours qu'il n'a point osé risquer avec moi, décide irrévocablement en faveur du mien.

J'ouvre la Lettre de M. *Keyser*, & j'y trouve à la page 13 ce récit très-digne d'attention.

» Le nommé du *Peanloup* (Cocher) me fut amené il y a environ un

» an étant dans un état affreux, ayant été traité par toutes sortes de » gens, qui après avoir épuisé toutes les ressources de l'Art, l'avoient » abandonné. Il avoit une maladie vénérienne bien caractérisée, & de » plus une espèce de Cancer que je regardois comme incurable. J'hési- » tois à le prendre; mais cependant comme j'ai vû souvent mon Remede » opérer des effets incroyables, que d'ailleurs il avoit une maladie véné- » rienne que j'étois bien sur d'emporter, je l'entrepris véritablement » *pour six louis*. Mais comment! premierement en répondant de guérir » seulement le mal vénérien, & ne promettant absolument rien pour le » Cancer, qui étoit venu à un point que j'aurois défié qui que ce soit » d'en entreprendre la guérison. Secondement, en annonçant à plusieurs » personnes à qui je fis voir ce malade, que ce ne seroit pas la faute de » mon Remede s'il ne réussissoit pas à une maladie incurable. Je lui don- » nai donc des Remedes, & ce que j'avois prévû arriva; c'est-à-dire, » que je le guéris parfaitement de la Vérole, mais point du tout de la » playe cancéreuse, qui étant restée à la fin de mon traitement dans le » même état qu'au commencement, me força de l'abandonner.

Ce *Peanloup* est mort depuis, &, comme on a dit dans le tems, *de la maladie qu'il avoit.* (a)

L'objet de M. *Keyser* est, comme on voit, de faire entendre que la playe de *Peanloup* qu'il n'a pû guérir, n'avoit rien de commun avec la vérole, qu'il prétend avoir guérie. Mais à qui croit-il donner le change, & par quelle heureuse imprudence a-t-il rapporté le Certificat de M. *Guerin*, qui lui donne un démenti formel?

Voici ce Certificat:

» Je soussigné certifie que le nommé du *Peanloup* vint me consulter le » 24 Avril 1756 ayant plusieurs simptômes de Vérole, comme Chan- » cres, Ulcere à la gorge, Bubon vénérien, & *un Poulain ulcéré qui avoit* » *un coup d'œil cancéreux*. Je conseillai le Remede de M. *Keyser* que je » connois pour bon & commode à pratiquer. M. *Keyser* promit de gué- » rir la Vérole, & ne promit rien pour ce qui regardoit le Bubon cancé- » reux. Il a tenu sa parole: car tous les *autres simptômes* disparurent par » l'usage de ses Dragées, mais le Bubon est resté cancéreux. A Paris le » 30 Juillet 1757. Signé GUERIN.

Que dit précisément le Certificat? Que le malade parmi plusieurs accidens de vérole, avoit un Poulain ulcéré qui paroissoit cancéreux; que le Remede de M. *Keyser* a dissipé *les autres simptômes*, & n'a pû guérir celui-ci. Ainsi par ce seul Certificat M. *Keyser* est convaincu de n'avoir pû même pallier le principal objet de la maladie.

Mais comment M. *Guerin* a-t-il pû donner un Certificat qui implique une contradiction si palpable? Car, selon lui, M. *Keyser* a guéri, & n'a pas guéri. Il a promis de guérir la Vérole, & il a, dit-on, tenu sa pro-

(a) C'est ainsi que M. Keyser *rappelle son monde du tombeau*, suivant l'expression emphatique de l'Annaliste Littéraire, qui n'est sans doute qu'une dérision.

messe : il n'a pas promis de guérir le Bubon prétendu cancereux, qu'on articule expressément être un symptôme vérolique, & en effet il l'a laissé au même état qu'auparavant.

M. *Keyser* après cela nous fera-t-il croire que son reméde qu'il a vû souvent opérer, dit-il, des choses incroyables, guérit radicalement la Vérole ? Se flatte-t-il d'être disculpé en disant, qu'il n'a répondu de guérir que le mal vénerien, & qu'il n'a rien promis pour le prétendu cancer reconnu pourtant aussi vénerien par son Certificateur même, trop clairvoyant pour s'y méprendre, puisqu'il l'appelle indifféremment *Poulain* & *Bubon* ? A qui M. *Keyser* veut-il en imposer ? Qu'est-ce qu'un reméde qui fait disparoître quelques accidens d'une maladie, & qui laisse subsister les plus dangereux, parce qu'ils sont les plus difficiles ? Que peut-on penser d'un pareil reméde, & comment pour l'établir ose-t-on employer toutes les bouches de la renommée !

Mais je tire une autre induction de cette guérison mi-partie ; ou pour parler exactement, tout-à-fait manquée par M. *Keyser*. On observera que c'est la troisiéme dont ce Mémoire contient la preuve, & trois sujets manqués font autant que mille en cette occasion contre son reméde.

Je prétends donc que le traitement du pauvre Cocher *Peanloup*, est le concours le plus marqué que je pouvois désirer pour mon reméde. Tous ceux qui ont eu connoissance de la maladie du nommé de *Dyn* d'Anvers, ou qui en ont lû le détail, soit dans l'ouvrage intitulé *Réfutation de deux Ecrits publiés en faveur de M. de Torrès, &c.* que je publiai il y a deux ans, soit dans le naïf Ecrit du même de *Dyn* qui a pour titre, *Témoignage public, &c.* peuvent se rappeller l'état d'où je l'ai tiré. Que l'on compare seulement les Certificats de Messieurs *Goulard*, *Ledran*, *Henriquès*, *Morand*, *Hebrard*, produits plus haut dans ce Mémoire, avec celui de M. *Guerin*, on verra que la maladie de ce de *Dyn* étoit à peu près la même, & beaucoup plus dangereuse encore que celle de l'infortuné *Peanloup.* M. *Goulard*, après un examen attentif, trouva que la playe du premier étoit dans l'état d'un vrai Carcinome. Messieurs *Ledran*, *Morand*, *Hebrard*, virent un ulcere large & très-profond, accompagné d'un sinus qui s'étendoit fort loin. M. *Henriquès* remarqua qu'il y avoit plusieurs sinus, dont le plus considérable régnoit tout le long de la face antérieure de l'os pubis, & qui s'alloit perdre dans les environs de l'aîne du côté opposé. Voilà le malade que j'ai traité, & que j'ai guéri radicalement, complettement, parfaitement, sans division ni distinction des symptômes & des accidens de toute espéce dont il étoit accablé. Je l'ai gardé près de neuf mois chez moi, où il a été nourri, soigné, pansé & médicamenté gratuitement, sans en avoir jamais exigé un sol, attendu sa qualité de Domestique & de Pauvre. N'est-ce pas là une preuve absolument décisive de la supériorité de mon Reméde sur celui de M. *Keyser* ? Et en la pressant cette preuve, qui est de la plus grande force, quel autre objet puis-je avoir que de constater l'efficacité d'un Remede dont le Roi est en possession, & qui sera rendu public après ma mort ?

LE CONSEIL soussigné, vû la Lettre anonime adressée à M. Dibon, Chirurgien ordinaire du Roi dans la Compagnie des Cent-Suisses de la Garde du Corps de Sa Majesté, commençant par ces mots: *Eh bien M. Dibon, &c.* & finissant par ceux-ci, *qui veut trop prouver ne prouve rien*, de même que le Mémoire à consulter présenté par M. Dibon, avec les Piéces justificatives d'icelui: ESTIME que le Sieur Dibon est bien fondé à porter sa Plainte à qui il appartient, tant pour découvrir les Auteurs que les Distributeurs d'un Libelle aussi scandaleux, & qui pourroit effectivement nuire à sa réputation, pour les faire condamner aux peines prononcées par les Ordonnances. Délibéré à Paris ce 17 Novembre 1757. *Signé* PONCET DE LA GRAVE.

De l'Impr. de la Veuve LAMESLE, rue vieille Bouclerie, à la Minerve. 1757.

www.ingramcontent.com/pod-product-compliance
Ingram Content Group UK Ltd.
Pitfield, Milton Keynes, MK11 3LW, UK
UKHW021156230726
13926UKWH00001B/121